MINISTÈRE DE L'INSTRUCTION PUBLIQUE

LE RÉGIME FISCAL
DES SUCCESSIONS
DANS LES PAYS EXTRA-EUROPÉENS

PAR

LÉON SALEFRANQUE

SOUS-INSPECTEUR DE L'ENREGISTREMENT À PARIS, LAURÉAT DE L'INSTITUT

MÉMOIRE LU EN AVRIL 1895 AU XXXVI.º CONGRÈS DES SOCIÉTÉS SAVANTES

(Extrait du Bulletin des sciences économiques et sociales du Comité des travaux historiques et scientifiques, année 1896.)

PARIS

IMPRIMERIE NATIONALE

M DCCC XCVI

LE RÉGIME FISCAL

DES SUCCESSIONS

DANS LES PAYS EXTRA-EUROPÉENS

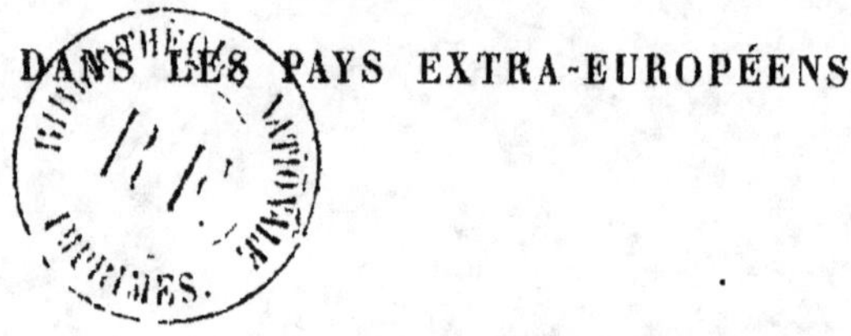

MINISTÈRE DE L'INSTRUCTION PUBLIQUE

LE RÉGIME FISCAL

DES SUCCESSIONS

DANS LES PAYS EXTRA-EUROPÉENS

PAR

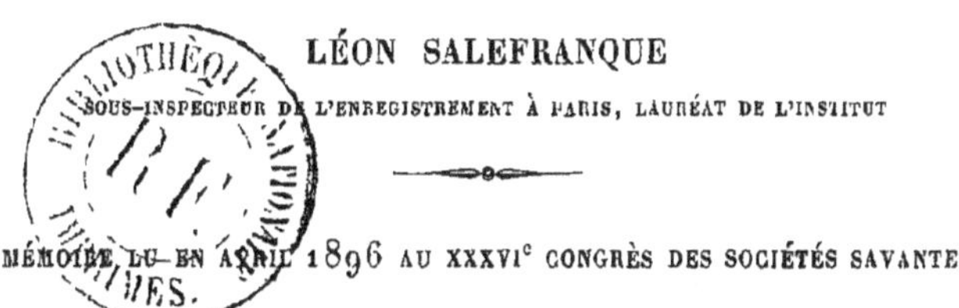

LÉON SALEFRANQUE

SOUS-INSPECTEUR DE L'ENREGISTREMENT À PARIS, LAURÉAT DE L'INSTITUT

MÉMOIRE LU EN AVRIL 1896 AU XXXVIe CONGRÈS DES SOCIÉTÉS SAVANTES

(Extrait du *Bulletin des sciences économiques et sociales du Comité
des travaux historiques et scientifiques*, année 1896.)

PARIS

IMPRIMERIE NATIONALE

M DCCC XCVI

LE RÉGIME FISCAL

DES SUCCESSIONS

DANS LES PAYS EXTRA-EUROPÉENS.

Dans une première étude, consacrée au *Régime fiscal des successions en France et dans les principaux pays de l'Europe*, nous avons recherché les origines, dans notre pays, des droits de mutation par décès; exposé le régime actuel; fait connaître les projets modificatifs de ce système; et dit, en même temps, quelles solutions avaient données à la même question les principaux pays européens [1].

Nous poursuivrons aujourd'hui cet examen en ce qui concerne les *pays extra-européens*.

On admet généralement, et c'est bien là, pensons-nous, son véritable caractère, que l'impôt de mutation par décès est, en réalité, un *impôt sur la richesse* perçu, à juste titre d'ailleurs, au moment de *l'enrichissement* gratuit résultant pour les bénéficiaires du décès du *de cujus*. Nous rencontrons, dans certains États de l'Amérique du Nord, deux conceptions particulières de cet impôt.

Dans l'État de New-York, par exemple, on a appuyé l'établissement d'une taxe successorale sur les biens personnels, seuls, sur la théorie de la péréquation. C'est, a-t-on dit, un fait parfaitement certain que des biens personnels d'une valeur considérable échappent complètement à certaines taxes pendant la vie de leurs propriétaires : il y a donc lieu d'établir sur ces biens une taxe successorale spéciale destinée à récupérer les impôts dont le payement a été éludé, au cours de leur existence, par leurs possesseurs venant à décéder.

Ce point de vue n'est pas exact, car il ne saurait y avoir aucun rapport entre la taxe successorale et le montant des autres impôts impayés. Ce n'est donc pas là une théorie juridique, mais seulement une argumentation de

---

[1] Voir dans le *Bulletin des sciences économiques et sociales du Comité des travaux historiques et scientifiques*, année 1895, notre étude sur le *Régime fiscal des successions en France et dans les principaux pays de l'Europe*, p. 31.

fait que vient seulement grossir l'importance de certaines fortunes américaines [1].

D'autres États, dont la législation se rapproche davantage de celle de l'Angleterre, motivent la taxe successorale par la théorie du remboursement des dépenses imposées au pouvoir administratif ou judiciaire pour constater ou garantir les droits des bénéficiaires. On y estime qu'il est de toute justice que les dépenses des cours de *probate* soient supportées, au moins en partie, par ceux qui bénéficient directement et d'une manière évidente de leur action. Dans ce système, la taxe est nécessairement peu élevée, sans graduation correspondant à la valeur des biens, mais, au contraire, décroissante et même uniforme. Dans ces conditions, ces droits ne sont-ils pas improprement qualifiés de taxe successorale, ne constituent-ils pas tout simplement des droits de formalité? Nous le penserions volontiers, car, dans certains États, ces deux catégories de perceptions existent concurremment.

La légitimité de la taxe successorale, au point de vue constitutionnel, a donné lieu à de nombreux débats devant les tribunaux dans plusieurs États de l'Union et, si les décisions judiciaires les plus récentes l'ont admise dans certains de ces États, elle est cependant mise encore en discussion dans d'autres [2].

La détermination de la valeur imposable, les usufruits, la déduction du passif, ne soulèveront pas, pour les pays dont nous allons examiner le régime fiscal en matière de successions, les difficultés que nous avons eues à étudier dans notre précédent mémoire, et nous pouvons, sans autre discussion de principe, passer immédiatement en revue la législation de chaque État.

Nous examinerons successivement l'impôt en Amérique, en Australie, en Afrique.

---

[1] C'est ainsi qu'il a été constaté, en ce qui concerne une des plus grosses successions ouvertes pendant ces dernières années, que la fortune du *de cujus* (Jay Gould) ne s'élevait pas à moins de 82 millions de dollars (410 millions de francs), alors que le défunt acquittait la *taxe sur la propriété* sur une valeur de 500,000 dollars (2 millions et demi de francs) seulement.

En présence de cette énorme différence, on a proposé de faire opérer le recouvrement des taxes dont Jay Gould avait, de toute évidence, éludé le payement. C'est d'ailleurs, cette circonstance qui a rendu populaire la taxe successorale et en a amené récemment l'adoption dans plusieurs États.

[2] Un auteur américain, M. Max West, a consacré à l'examen de ces débats un chapitre intéressant de son étude sur *la taxe successorale* (The inheritance tax).

Nous avons puisé dans cette étude récemment traduite en français par un de nos distingués collègues, M. Raison, des renseignements intéressants sur divers États.

AMÉRIQUE DU NORD.

ÉTATS-UNIS.

Douze États de l'Union sur quarante-quatre possèdent des taxes successorales, ce sont : la Californie, le Connecticut, la Delaware, l'Illinois, le Maine, le Maryland, le Massachusetts, le New-Jersey, l'État de New-York, l'Ohio, la Pensylvanie et la Virginie Occidentale.

Pensylvanie. — L'État de Pensylvanie est le premier qui ait établi la taxe successorale. Elle fut décrétée en 1826 et atteignait seulement alors les successions collatérales.

La loi du 7 avril 1826 [1] fixe de la manière suivante les bases du nouvel impôt :

« Tous les biens réels, personnels ou mixtes, de quelque nature que ce soit, passant de toute personne qui viendra à mourir saisie ou en possession de biens de ce genre situés sur le territoire de l'État, soit par testament, soit en vertu de la loi qui régit les successions *ab intestat*, toute part de ces biens ou tout droit sur ces biens, transmis par contrat (*deed*), cession, marché ou vente fait dans l'intention de prendre effet à la mort du vendeur ou cédant, en la possession et jouissance de toute personne ou personnes, de tout corps politique ou corporation, par fidéicommis ou autrement, autres que ceux arrivant en la possession du père, de la mère, du mari, de la femme, des enfants et descendants en ligne directe, nés en légitime mariage, seront et par ces présentes sont soumis à un droit ou taxe de 2 dollars et 50 cents sur chaque 100 dollars de valeur nette de ces biens, et au même taux pour toute somme moins élevée, pour être payée et employée au profit de l'État; et tous exécuteurs, tous administrateurs et leurs cautions ne seront dégagés de toute responsabilité à l'égard de chaque et toutes sommes dues à raison de ces droits sur ces biens, dont ils pourront se charger en compte, que par le payement fait comme il est dit ci-dessus et dans le but susindiqué, car il en a été ainsi ordonné pour l'avenir.

« Les biens qui sont estimés d'une valeur moindre que 250 dollars ne seront pas assujettis à l'impôt [2]. »

En 1887, la loi organique avait subi un assez grand nombre de modifications, plus particulièrement au point de vue administratif, pour qu'il fût nécessaire de remplacer par un texte unique les prescriptions éparses dans

[1] Lois de 1825-1826, chap. 72.

[2] Sect. I⁰ du chap. 72. — Traduction littérale donnée par M. Raison.

Nous avons cru devoir reproduire le texte de cette partie de la loi, à laquelle la plupart des États de l'Union ont successivement emprunté les dispositions fondamentales de leur législation.

diverses lois. Les plus importantes, au point de vue de la taxation, consistaient dans la fixation du taux de l'impôt à 5 p. o/o, au lieu de 2.50 p. o/o, adoptée en 1846 [1], et l'extension aux *personnes* de la disposition astreignant les *biens* à l'impôt lorsqu'ils sont situés sur le territoire de l'État, décidée en 1850 par une loi interprétative [2]. Les dispositions en vigueur furent codifiées sous le titre de « Loi destinée à assurer une meilleure perception des taxes sur les successions collatérales [3] ».

Depuis cette époque, divers changements ont été encore apportés à la législation, mais le seul et le plus important en même temps que nous ayons à signaler est le bill du 20 avril 1893 établissant une taxe progressive de 1 à 5 p. o/o sur les successions en ligne directe et qui par cela même étend l'impôt à la totalité des transmissions par décès.

En dehors des taxes successorales, on perçoit, dans l'État de Pensylvanie, un droit fixe de 50 cents sur les homologations de testaments et les lettres d'administration [4].

Maryland. — La taxe sur les successions collatérales existe dans l'État de Maryland depuis 1845 [5]. Elle fut établie en vue de créer des ressources pour l'amortissement de la dette.

Le tarif en fut fixé à 2 1/2 p. o/o; abaissé à 1 1/2 p. o/o en 1864 [6], il fut ramené en 1874 au taux ancien [7].

Sont exempts de l'impôt, quant aux personnes : le père, la mère, la femme, les enfants et descendants du *de cujus* et, depuis 1880, le mari survivant [8]. En sont exempts, quant aux biens : les bénéficiaires qui recueillent une succession dont la valeur est inférieure à 500 dollars [9].

Une taxe de 10 p. o/o sur les remises allouées aux exécuteurs et administrateurs fut établie en même temps que la taxe successorale. M. Max West considère cette taxe spéciale, à raison de son incidence sur la dévolution des biens comme un *death duty*, tout en reconnaissant qu'on ne peut guère la qualifier de taxe successorale. Elle est exigible à l'occasion de toutes les

[1] Lois de 1846, n° 390, § 14.

[2] Lois de 1850, n° 147.

[3] Lois de 1887, n° 37.

[4] Lois de 1829-1830, n° 157, § 5; 1831-1832, n° 80, § 36; 1878, n° 227, § 8.

[5] Lois de 1844-1845, chap. 237.

[6] Lois de 1864, chap. 200.

[7] Lois de 1874, chap. 483, § 113.

[8] Lois de 1880, chap. 444.

[9] La loi ne prononce pas d'exemptions en ce qui concerne les legs aux *institutions charitables*; mais un legs de ce genre ayant été fait, il y a quelques années, au profit de bénéficiaires qui, à défaut d'argent comptant, ne pouvaient acquitter les droits, une loi spéciale les dispensa du payement de l'impôt.

mutations par décès qui viennent à se produire, que celles-ci donnent ou ne donnent pas lieu au payement de la taxe successorale. Les successions en ligne directe étant, en fait, toujours plus nombreuses que les successions collatérales, les produits de la taxe sur les remises ont été parfois supérieurs à ceux de la taxe successorale elle-même.

Les dispositions alors en vigueur ont été codifiées à nouveau en 1888; elles ont reçu depuis quelques modifications [1].

Delaware. — L'État de Delaware possède la taxe successorale depuis 1869 [2], mais cette taxe y a subi des vicissitudes très grandes.

Fixée à 3 p. o/o et visant seulement les collatéraux et les étrangers, le tarif en fut gradué d'après la parenté de 1 p. o/o à 5 p. o/o; ce dernier taux applicable aux collatéraux les plus éloignés et aux étrangers [3]. En 1883, l'impôt a été pareillement abandonné; il ne frappe plus, depuis cette époque, que les successions entre personnes non parentes [4]. Deux opinions sont aujourd'hui en présence : l'une tend à la suppression complète de la taxe; l'autre, à son abandon aux comtés.

New-York. — Pendant les dix dernières années, un mouvement considérable dans le sens de l'établissement de la taxe successorale s'est produit dans les divers États de l'Union, et il n'est presque pas d'année qui n'ait vu, depuis, l'introduction de cet impôt dans un nouvel État.

C'est seulement en 1885 que l'État de New-York a adopté la taxe successorale, et cette taxe y a acquis, dans le court espace d'années écoulé depuis son établissement, une importance plus considérable que dans aucun autre État de l'Union [5].

Nous ne nous arrêterons pas aux différentes modifications apportées successivement à la loi de 1885, et nous analyserons tout de suite les dispositions en vigueur.

Doivent aujourd'hui l'impôt sur les biens personnels d'une valeur de 10,000 dollars et au-dessus : le père, la mère, le mari, la femme, les enfants et autres descendants en ligne directe, les frères, les sœurs, la belle-fille, le gendre, les enfants adoptifs. Il en est de même des personnes qui

[1] Code de 1888, P. G. L., art. 81, § 97-125; lois de 1892, chap. 473.

[2] *Lois de la Delaware,* vol. XIII, chap. 390, § 12-22.

[3] *Loc. cit.,* vol. XIV, chap. 21.

[4] La taxe successorale avait été abrogée en 1893, mais la loi d'abrogation a été rejetée en dernier lieu.

[5] Lois de 1885, chap. 483; — 1887, chap. 713; — 1889, chap. 307 et 479; — 1890, chap. 553; — 1891, chap. 215; — 1891, chap. 215; — 1892, chap. 167, 168, 169, 339 et 443. Sous le titre de «Loi relative aux droits sur les transmissions de propriété», le chapitre 391 des lois de 1892 contient une refonte complète des dispositions précédemment édictées.

peuvent faire valoir, à cet égard, ce que nous appellerions, en droit français, une sorte de possession d'état; il suffit, en effet, que le bénéficiaire ait été traité par le défunt, pendant une période d'au moins dix années, comme son fils ou sa fille, et, de son côté, que ce bénéficiaire ait considéré le défunt comme son père ou sa mère. Le droit dû par cette catégorie d'héritiers est celui de 1 p. o/o.

Les autres successions acquittent un droit de 5 p. o/o sur les biens transmis, toutes les fois que ces biens sont supérieurs à 500 dollars.

L'exemption de la taxe successorale est acquise lorsque l'ensemble des biens délaissés par le *de cujus* et assujettis à l'impôt ne dépassent pas ce maximum; elle ne l'est pas lorsque ce sont seulement les parts héréditaires qui ne sont pas supérieures au chiffre prévu par le législateur [1].

En ce qui touche les successions taxées, la jurisprudence décide qu'il n'y a pas lieu de déduire le minimum de 500 dollars du montant des valeurs successorales, pour la liquidation de la taxe.

Sont exempts de l'impôt les évêchés, les institutions religieuses, charitables ou d'instruction, ainsi que les sociétés savantes [2].

Les droits de mutation par décès doivent être acquittés dans les dix-huit mois du décès. S'ils sont acquittés dans les six mois, le débiteur a droit à un escompte de 5 p. o/o; par contre, s'ils ne sont pas payés dans les dix-huit mois, ils portent intérêt à 10 p. o/o à compter du jour du décès, à moins que la liquidation de la taxe n'ait été rendue impossible par une cause indépendante de la volonté des débiteurs; les intérêts dus ne sont alors calculés qu'à raison de 6 p. o/o jusqu'au jour où la cause du retard a cessé d'exister.

Sauf en ce qui concerne l'argent comptant, l'assiette de l'impôt est déterminée par expertise, et, en principe, il y a lieu à nomination d'un expert pour tous les biens sujets aux droits. L'expert doit porter à la connaissance de toute personne intéressée, y compris le trésorier du comté ou le contrôleur de l'impôt, la date à laquelle il procédera à l'estimation et le lieu où elle sera faite; il est autorisé à citer des témoins et à exiger d'eux sous serment la déclaration qu'il juge nécessaire relativement à la valeur des biens. Il doit baser son évaluation sur le prix courant de chaque objet au jour de la transmission. L'expert présente ensuite son rapport au subdélégué, qui liquide la taxe et en notifie ensuite le montant aux intéressés. Ceux-ci peuvent, s'ils jugent inexacte l'évaluation des biens ou la liquidation de la taxe, se pourvoir devant le subdélégué.

[1] Lois de 1892, chap. 399, § 22.

[2] Cette exemption n'est pas applicable aux *corporations étrangères*. Il a été jugé, notamment, qu'un legs fait au profit de la Société américaine des Missions étrangères devait acquitter la taxe successorale, bien que cette corporation ait obtenu, dans certaines limites, le privilège d'acquérir des biens dans l'État de New-York.

En ce qui concerne les avantages viagers, le superintendant des assurances doit, à toute réquisition d'un subdélégué, en déterminer la valeur d'après les méthodes employées pour établir celle des assurances sur la vie, en calculant toutefois les intérêts au taux de 5 p. o/o seulement.

La taxe est applicable aux donations à cause de mort ou ne devant prendre effet qu'à la mort du donateur, aussi bien qu'aux successions. Le payement de l'impôt est garanti par un privilège sur les biens transmis et un recours privilégié contre le *personal representative* [1].

Virginie Occidentale. — L'introduction de la taxe successorale dans l'État de la Virginie Occidentale date de 1887 [2].

Sont exemptes de la taxe les successions dévolues au père, à la mère, au mari [3], à la femme, aux enfants et aux autres descendants en ligne directe. ,

Les biens d'une valeur inférieure à 1,000 dollars ne sont pas taxés.

Le tarif est celui de 2 1/2 p. o/o, comme dans le Maryland. La loi votée suit d'ailleurs de fort près, dans toutes ses prescriptions, celle de cet État.

Connecticut. — La taxe successorale a été établie en 1889 dans l'État de Connecticut [4]. Elle atteint tous les biens corporels ou incorporels dévolus par succession.

Sont exempts de l'impôt le père, la mère, l'époux, les descendants en ligne directe, les enfants adoptifs, les descendants des enfants adoptifs, le gendre ou la belle-fille du défunt.

N'y sont pas assujettis les successions dont l'importance ne dépasse pas 1,000 dollars, ainsi que les biens dont le *de cujus* a disposé dans un but charitable, religieux, de bienfaisance, d'éducation ou d'un intérêt strictement public.

La taxe est de 5 p. o/o. Elle doit être payée dans l'année du décès, et, ce délai expiré, elle produit un intérêt au taux de 9 p. o/o.

Le droit est assis sur la valeur vénale des biens, telle qu'elle est déterminée par la Cour de *probate*. Celle-ci est tenue, lorsque le trésorier de l'État ou les intéressés en font la demande, de désigner trois experts pour procéder à l'estimation des biens assujettis à l'impôt. Pour les rentes et

[1] On pourra consulter utilement, sur la législation de l'État de New-York, l'étude de M. Max West, à laquelle nous empruntons nous-même ces indications.

[2] Lois de 1887, chap. 31; Codes de 1887, 1891, chap. 32, § 51 a.

[3] Le mari n'était pas exempt de l'impôt d'après la loi de 1887. Cette exemption lui a été accordée en 1894 (lois de 1891, chap. 116).

[4] Lois de 1889, chap. 180.

droits viagers, on prend pour base les tables des compagnies d'assurances sur la vie, les intérêts composés étant calculés à 5 p. o/o.

Massachusetts. — L'État de Massachusetts a adopté la taxe successorale en 1891 [1]. Elle atteint toutes les successions dont la valeur est supérieure à 10,000 dollars.

Sont exempts de cette taxe le père, la mère, l'époux survivant, les descendants en ligne directe, les frères et sœurs, les enfants adoptifs et leurs descendants, le gendre ou la belle-fille du *de cujus.* Il en est de même des sociétés charitables, religieuses ou d'instruction, dispensées de payement de la taxe directe sur la propriété.

Le droit est de 5 p. o/o, et le montant de ce droit doit être versé au Trésor par le *personal representative* à l'expiration de la deuxième année de la date du *bond* que celui-ci a souscrit, à moins toutefois que la Cour de *probate* n'ait accordé prorogation du délai jusqu'au jour du règlement d'une demande introduite par un créancier. Mais, si les bénéficiaires entrent en possession, soit du legs, soit de parts héréditaires, avant l'expiration des deux années accordées pour le payement de l'impôt, les droits deviennent exigibles au fur et à mesure de la délivrance des biens de valeurs.

Dans tous les cas, la taxe produit intérêt à 6 p. o/o.

Les dispositions administratives ont été calquées sur celles admises dans l'État de Connecticut, et que nous venons d'indiquer.

Tennessee. — C'est également en 1891 que l'État de Tennessee a adopté la taxe successorale [2].

Sont exempts de l'impôt le père, la mère, l'époux survivant, les enfants, les petits-enfants, les frères et sœurs, le gendre et la belle-fille du défunt.

Aucune exception n'est accordée aux successions inférieures à un certain chiffre ou aux legs faits dans un but de charité.

Les dispositions en vigueur ont été inscrites à nouveau dans la loi sur les revenus publics de 1894 [3].

New-Jersey. — La taxe successorale a été introduite dans l'État de New-Jersey en 1892 [4].

En sont exempts le père, la mère, l'époux survivant, les frères et sœurs, les enfants et descendants en ligne directe, les gendres et les belles-filles.

[1] Lois de 1891, chap. 425.
[2] Lois de la session extraordinaire de 1891, chap. 25, § 6.
[3] Lois de 1893, § 7.
[4] Lois de 1892, chap. 122.

N'y sont pas assujetties les successions d'une valeur inférieure à 5oo dollars, mais aucune dispense d'impôt n'est accordée aux legs faits aux institutions de bienfaisance.

Le droit est de 5 p. o/o. Le payement en doit être effectué dans les six mois du décès ; le débiteur a droit à un escompte de 5 p. o/o. Si ce payement n'est effectué qu'après l'expiration de l'année qui suit le décès, les droits exigibles produisent intérêt au taux de 10 p. o/o ; ce taux n'est toutefois que de 6 p. o/o si les droits sont payés avant l'expiration de l'année ou si le règlement de la succession subit un retard indépendant de la volonté des débiteurs.

Lorsque l'impôt n'a pas été acquitté au cours de l'année qui suit le décès, les *personal representatives* sont tenus de souscrire un *bond* pour le payement du principal et des intérêts.

La plupart de ces dispositions sont, on le voit, empruntées à la législation de l'État de New-York ; il en est de même des principales prescriptions administratives.

Ohio. — A la date du 27 janvier 1893, l'Assemblée générale de l'Ohio a introduit dans cet État la taxe successorale [1].

Sont exempts de cet impôt le père, la mère, l'époux survivant, les descendants en ligne directe, les frères et sœurs, les neveux et nièces, les enfants adoptifs et leurs descendants, les gendres et les belles-filles ; mais la loi ne contient aucune exception en ce qui concerne les legs faits dans un but de charité ou de bienfaisance.

Les successions atteignant 10,000 dollars sont seules taxées, et l'impôt n'est calculé que défalcation faite d'une somme égale sur la valeur globale des biens transmis.

La taxe est de 3 1/2 p. o/o ; elle doit être versée au cours de l'année du décès par les *personal representatives*, et elle est productive, ce délai passé, d'intérêts au taux de 6 p. o/o.

L'impôt est assis sur la valeur vénale des biens, telle qu'elle est déterminée par la Cour de *probate*. Lorsque le trésorier du comté ou les intéressés en font la demande, la Cour est tenue de désigner trois experts pour procéder à l'estimation des biens soumis à la taxe. En ce qui concerne les rentes et les biens viagers, on prend pour base les tables des compagnies d'assurances sur la vie, les intérêts composés calculés à 5 p. o/o.

Ce sont donc, en ce qui touche l'assiette des droits, les mêmes dispositions que celles déjà admises dans l'État de Massachusetts.

Maine. — La législature de l'État du Maine a adopté, le 9 février 1893,

---

[1] *House bill*, n° 219.

le projet de taxe successorale qui lui avait été présenté, dès 1890, par sa commission des finances [1].

Sont exempts de la taxe : le père, la mère, l'époux survivant, les descendants en ligne directe, les gendres et belles-filles, les enfants adoptifs et leurs descendants. Il n'est pas fait d'exception pour les legs de charité.

Les successions dépassant 500 dollars sont seules soumises à l'impôt ; pour les autres, le droit n'est calculé qu'après déduction, sur la valeur des biens transmis, de ce minimum de 500 dollars.

La taxe est de 2 1/2 p. o/o.

A cette taxe vient s'ajouter une surtaxe progressive variant de 1 p. o/o pour les biens d'une valeur de 20,000 à 50,000 dollars, à 5 p. o/o pour les biens d'une valeur supérieure à un million de dollars.

La plupart des autres dispositions sont, au contraire, calquées sur la loi de l'État de Connecticut.

Californie. — La taxe successorale a été introduite dans la Californie le 20 mars 1893 [2].

L'exemption de l'impôt est admise pour le père, la mère, l'époux survivant, les frères et sœurs, les descendants en ligne directe, les gendres et belles-filles, ainsi que les corporations et établissements dispensés de l'impôt par une loi.

Les successions inférieures à 500 dollars ne sont pas soumises à la taxe et, pour les successions taxées, il est déduit avant liquidation des droits pareille somme de 500 dollars.

La taxe est de 5 p. o/o.

Les prescriptions relatives à l'évaluation des biens, au payement de l'impôt, à l'escompte, aux intérêts de retard, sont textuellement empruntées à la législation de l'État de New-York ; toutefois, au cas de retard indépendant de la volonté des parties dans le règlement de la succession, les intérêts sont liquidés à 7 p. o/o, au lieu de 6 p. o/o comme dans cet État, et ils commencent seulement à courir à l'expiration du dix-huitième mois qui suit le décès.

Illinois. — A la date du 7 juin 1895, la taxe successorale a été adoptée par l'État de l'Illinois.

Ici, pas d'exceptions comme dans les différents États dont nous venons d'examiner la législation. Mais, alors que la taxe est proportionnelle sur les successions en ligne directe, elle est progressive sur celles en ligne collatérale, particularité que nous avons déjà eu l'occasion de signaler, une première fois, en ce qui concerne un des cantons suisses, celui de Glaris [3].

[1] Lois de 1893, chap. 146.
[2] Statuts de 1893, chap. 168.
[3] Voir notre mémoire sur la France et l'Europe, *loc. cit.*, p. 55 et 68-69.

Sont compris dans la ligne directe, non pas seulement comme en France le père, la mère, les enfants, les enfants adoptifs et leurs descendants, mais encore le mari et la femme, les frères et sœurs, les gendres et belles-filles.

La taxe est de 1 p. o/o ; elle n'atteint que les successions supérieures à 10,000 dollars et il est fait déduction, sur le montant des successions imposables, de ce minimum de 10,000 dollars avant liquidation des droits.

En ce qui concerne les successions collatérales, la taxe progressive est ainsi réglée :

Pour les parts héréditaires dévolues aux oncles, tantes, neveux et nièces ou à leurs descendants, le droit est de 2 p. o/o et il n'est perçu que sur les parts supérieures à 2,000 dollars :

Pour les parts héréditaires dévolues à d'autres que ces collatéraux, la portion exempte des droits est réduite à 500 dollars et le tarif ainsi fixé :

Jusqu'à 10,000 dollars.. 3 p. o/o.
De 10,000 à 20,000 dollars............................. 4
De 20,000 à 50,000 dollars............................. 5
Au-dessus de 50,000 dollars......................... 6

Il nous reste, après cet exposé de la législation fiscale des successions dans les États de l'Union où cet impôt est établi, à dire quelques mots sur l'état de la question dans les autres États.

Alabama. — La loi de finances de 1848 avait frappé d'un droit de 2 p. o/o tant les legs de biens personnels que ceux de biens réels [1]. Cette loi contenait un certain nombre d'exemptions, encore étendues peu de temps après à d'autres bénéficiaires [2].

Mais les biens personnels furent soustraits à l'impôt ; puis la taxe, après une saute de 2 à 10 p. o/o pendant la guerre de Sécession, fut abaissée à 1/2 p. o/o et cessa, en 1868, de figurer dans les lois annuelles de finances [3]. Elle est considérée comme abrogée.

Caroline du Nord. — Une taxe successorale de 1 p. o/o sur tous les biens réels d'une valeur de 300 dollars et au-dessus et sur les biens personnels de 200 dollars et au delà, avait été établie en 1847 dans l'État de la Caroline du Nord [4].

Après diverses vicissitudes, la législation s'était ainsi fixée en 1866 : les biens de toute valeur assujettis sans exception à l'impôt [5] et deux taux de

[1] Lois de 1847-1848, n° 1586.
[2] Lois de 1849-1850, n° 1, § 1.
[3] Lois de 1847-1848, n° 1, § 86.
[4] Lois de 1846-1847, chap. 72.
[5] Lois publiques de 1866, chap. 21.

perception[1], l'un pour les oncles et tantes et leurs descendants, l'autre pour les parents plus éloignés et les étrangers ; le premier fut ramené à 2 puis à 1 p. o/o ; le second a varié selon les exercices entre 1 et 2 1/2 p. o/o. Mais, en 1874[2], la taxe successorale ne figurant plus dans la loi de finances, sa perception fut suspendue ; elle n'a pas été remise en vigueur.

Louisiane. — Aux termes d'une loi remontant à 1828[3], toute personne n'ayant pas la qualité de citoyen des États-Unis, ou non domiciliée sur leur territoire, était tenue de payer à l'État de la Louisiane un droit de 10 p. o/o sur toutes les sommes qui pourraient lui être dues comme héritier, légataire ou donataire, par toute succession qui viendrait à s'ouvrir sur son territoire.

Cette taxe, qui ne frappait, on le voit, que les bénéficiaires de nationalité étrangère, n'avait subi que des modifications peu importantes lorsqu'elle a été abrogée en 1877[4].

Minnesota. — En vue de créer un fonds pour assurer le payement des émoluments des juges de *probate* dont elle fixait le *quantum*, une loi de 1875 avait établi une taxe graduée, calculée d'après l'importance des biens et propriétés déterminée par l'inventaire ou la prisée[5].

La procédure de règlement de la succession ne pouvait être continuée, après la présentation de l'inventaire, tant que le payement de la taxe n'aurait pas été effectué.

Les successions n'étaient soumises à la taxe que lorsque l'actif était supérieur à 1,000 dollars; ce minimum fut porté, en 1885, à 2,000 dollars[6].

Mais la loi a été déclarée inconstitutionnelle par la Cour suprême de l'État, « la règle de l'égalité de répartition ayant été violée tant par l'exemption accordée aux biens d'une valeur inférieure à 2,000 francs que par les effets arbitraires du tarif».

La taxe successorale ne tardera sans doute pas, malgré ce premier insuccès, à être introduite au Minnesota. Au cours, en effet, de la session de 1893, et malgré l'opposition du *Board of trade* de Minneapolis, la législ-

---

[1] Lois publiques de 1866-1867, chap. 72 ; 1868-1869, chap. 108 ; 1869-1870, chap. 229, 1870-1871, chap. 127 ; 1871-1872, chap. 58 ; 1872-1873, chap. 144.

[2] Lois de 1873-1874, chap. 134.

[3] Lois de 1828, n° 95, § 1, 2; 1842, n° 154, § 4; 1855, n° 315, § 7, 8; *Code civil revisé*, 1870, art. 1221-1230; *Statuts revisés*, 1870, § 13.

[4] Lois de 1877, n° 86.

[5] Lois générales de 1875, chap. 37 ; *General statutes*, 1878, chap. 7, § 8, 9.

[6] Lois générales de 1885, chap. 103 ; *General statutes*, supplément, 1888, chap. 7, § 8.

lature en a admis le principe en adoptant, le 18 avril, un bill de modification à la Constitution en vue de permettre l'établissement d'une taxe
successorale dont la quotité ne serait pas supérieure à 5 p. o/o.

Dans ces conditions, la question devra être tranchée, lors des élections
générales, par voie de *referendum*.

Nebraska. — Un bill introduisant la taxe successorale dans l'État de
Nebraska a été repoussé en 1893.

New-Hampshire. — La taxe successorale avait été admise en 1878 par
l'État de New-Hampshire [1].

La loi visait tous les biens dont le règlement est de la compétence des
cours de *probate*, toutes les transmissions de propriété par décès, donation
ou legs, toute succession régie par les lois de l'État relatives à la dévolution
des successions *ab intestat* sous déduction des dettes régulièrement justifiées.

Elle exemptait de l'impôt le mari, la femme, les enfants, les petits-
enfants.

Le taux en était fixé à 1 p. o/o. Cette modération du tarif s'explique
par cette circonstance que la taxe était destinée seulement à pourvoir aux
dépenses des Cours de *probate*.

Mais, l'impôt ayant été déclaré inconstitutionnel par la Cour suprême
du New-Hampshire, en 1882, la législature ordonna l'année suivante, par
une loi spéciale, la restitution des droits qui avaient été perçus [2].

Virginie. — L'impôt sur les successions avait été introduit dans l'État
de Virginie par les lois du 26 janvier et du 6 février 1844 [3].

Après de nombreuses modifications et plusieurs périodes de non-perception, la taxe successorale atteignait, en dernier lieu, toutes les hérédités
d'une valeur supérieure à 250 dollars, sauf celles dévolues au père, à la
mère, au mari ou à la femme. Le taux en était fixé à 6 p. o/o [4].

---

[1] Lois de 1878, chap. 74; *General Laws*, 1878, chap. 64.

[2] Les remboursements effectués au profit des contribuables se sont élevés,
paraît-il, à 10,000 dollars, sur 15,000 encaissés par le trésorier de l'État.

[3] Lois de 1843-1844, chap. 1, § 6; chap. 3.

[4] Code de 1849, chap. 35, § 10, 42; chap. 39, § 6 à 12; chap. 40, § 3.
Lois de 1859-1860, chap. 1, § 9, 38. Code de 1860, chap. 35, § 9, 38;
chap. 39, § 5 et suivants. Lois de 1863, chap. 1, § 15; 1865-1866, chap. 1,
§ 20; 1866-1867, chap. 64, § 3; 1869-1870, chap. 45, § 18; chap. 226, § 3;
1870-1871, chap. 193, § 3; 1871-1872, chap. 385, § 3. Code de 1873,
chap. 33, § 19; chap. 35, § 3; chap. 36, § 1. Lois de 1874, chap. 240, § 21,
22; 1874-1875, chap. 206, § 20; chap. 209, § 12; 1875-1876, chap. 161,
chap. 162, § 12; 1881-1882, chap. 61, 119, § 12; 1883-1884, chap. 389
et 513.

— 18 —

Les textes qui réglaient le fonctionnement de la taxe n'ont pas été abrogés, mais celle-ci a cessé d'être perçue depuis 1884 à défaut d'autorisation inscrite dans les lois annuelles de finances.

Wisconsin. — Une loi de 1868 avait prescrit la perception sur les transmissions par succession, de salaires particuliers, mais dans certains comtés seulement de l'État de Wisconsin [1]. Elle fut abrogée en 1872 [2].

En 1877 [3], cette même contribution fut établie, mais cette fois encore dans un seul comté, avec un double taux de 1/2 p. o/o et de 1/10 p. o/o, savoir :

Transmissions supérieures à 5,000 dollars (celles au-dessous
de ce chiffre non taxées), mais ne dépassant pas 500,000
dollars . . . . 1/2 p. o/o
Transmissions supérieures à 500,000 dollars. 1/10

Mais elle fut déclarée inconstitutionnelle par la Cour suprême du Wisconsin, une taxe ne pouvant être établie pour un seul des comtés de l'État. Disons enfin qu'un bill proposant l'adoption d'une taxe successorale a été rejeté, en 1893, par la législature du Wisconsin.

États de l'Union (Taxes fédérales). — Indépendamment des taxes dont nous venons de passer la revue dans chacun des États de l'Union, ceux-ci ont possédé, à titre de taxes fédérales, des impôts sur les successions qui se rapprochaient du système anglais.

Nous ne suivrons pas ces taxes, qui ont disparu depuis 1870, dans leurs modifications successives : nous en donnerons seulement le dernier état.

La loi du 1er juillet 1862 avait établi, sous le nom de *legacy tax*, des droits sur la dévolution de la propriété personnelle [4].

La taxe n'était exigible que si la valeur totale des biens personnels du *de cujus* dépassait 1,000 dollars; l'époux survivant en était exempt dans tous les cas. Les donations ou les ventes dont l'effet était subordonné à la mort du donateur ou vendeur y étaient assujetties.

Le tarif du *legacy tax*, remanié par la loi du 30 juin 1864 [5], était le suivant :

[1] Lois générales de 1868, chap. 121; *Revised Statutes*, 1871, chap. 117 § 59, 60, 61, 62, 69.
[2] Lois générales de 1872, chap. 40.
[3] Lois de 1877, chap. 98; 1880, chap. 262; *Revised Statutes*, 1878, § 2483.
[4] *United States at large*, t. XII, p. 483.
[5] *United States at large*, t. XIII, p. 285, 287.

Ascendants et descendants, frères et sœurs..............   1 p. o/o
Descendants des frères et sœurs......................   2
Oncles et tantes et leurs descendants...................   4
Grands-oncles et grand'tantes et leurs descendants..........   5
Autres collatéraux, personnes non parentes, corps politiques et
    corporations......................................   6

Ces droits étaient calculés sur la valeur nette des biens.

En même temps qu'elle modifiait le *legacy tax*, la loi du 30 juin 1864 complétait le système par l'établissement d'un droit de *succession* sur les biens réels[1].

Le droit de *succession* frappait non plus seulement, comme celui de *legacy*, les transmissions qui atteignaient un certain chiffre, mais toutes les successions quelle qu'en fût l'importance, sauf dans un cas tout particulier, celui où des enfants mineurs recevraient une part héréditaire inférieure à 1,000 dollars. Dans ce cas, l'impôt n'est pas dû si la part est inférieure à ce chiffre; il n'est dû, si celle-ci est supérieure, que déduction faite de ce minimum[2]. Aucune exemption, d'un autre côté, quant aux personnes, autre que celle accordée depuis à la veuve du *de cujus*.

Le tarif est à peu près identique à celui du *legacy tax* :

Ascendants et descendants.........................   1 p. o/o
Frères et sœurs et leurs descendants...................   2
Oncles et tantes et leurs descendants   4
Grands-oncles et grand'tantes et leurs descendants..........   5
Autres collatéraux, personnes non parentes, corps politiques et
    corporations......................................   6

Ce dernier taux était applicable également aux transmissions de biens réels ayant fait l'objet de fidéicommis d'intérêt public.

Les débiteurs étaient tenus de donner avis de leur vocation héréditaire aux agents du Revenu intérieur et de leur présenter, avec tous les détails nécessaires, un état faisant connaître la consistance et la valeur des biens transmis. La loi du 13 juillet 1866 avait fixé à trente jours seulement, à compter de leur entrée en possession, le délai dans lequel les bénéficiaires devaient présenter ce document.

Ces différentes dispositions ont été abrogées par une loi du 24 juillet 1870; elles n'ont pas été remises en vigueur depuis cette époque. Mais la taxe successorale n'en paraît pas moins avoir été rétablie, virtuellement

[1] *United States at large*, t. XIII, p. 481.
On voit qu'en procédant ainsi les États-Unis rentraient davantage dans le système anglais des taxes multiples. (Voir notre étude sur la France et l'Europe, *loc. cit.*, p. 66-67.)

[2] *United States at large*, t. XIV, p. 140.

pour ainsi dire, au taux de 2 p. o/o par une des dernières lois de finances qui l'a comprise dans la taxe fédérale sur le revenu.

CANADA.

La taxe successorale a été adoptée dans les principales provinces du Canada : l'Ontario, la Nouvelle-Écosse et Québec, en 1892.

Ontario. — Cette taxe revêt ici un caractère tout particulier. Elle constitue moins un impôt qu'un prélèvement sur les fortunes, en vue de fournir les ressources nécessaires à certaines dépenses spéciales qu'on ne saurait mieux désigner que par cette appellation française : l'*Assistance publique.*

La loi du 10 avril 1892 [1], qui a établi la taxe sucessorale, contient en effet les considérants suivants :

«Attendu que cette province dépense chaque année des sommes considérables pour les asiles d'aliénés et d'idiots, pour les institutions d'aveugles ou de sourds-muets, pour les hôpitaux et les autres établissements de bienfaisance;

«Attendu qu'il convient de constituer un *fonds spécial* destiné à faire face en partie à ces dépenses, au moyen d'un droit sur certains biens dépendant des *successions* des personnes qui décèdent dans les conditions déterminées ci-après;

«En conséquence, Sa Majesté, par et sur l'avis et consentement de l'*Assemblée législative* de la province d'Ontario, décrète. . . » [2].

Cette conception de l'impôt devait nécessairement amener le législateur à distinguer entre les bénéficiaires afin d'appliquer le prélèvement en tenant compte et du degré de parenté de ceux-ci avec le *de cujus*, et de l'importance des valeurs transmises. C'est bien ainsi qu'il a été procédé.

Tous les biens d'une valeur inférieure à 10,000 dollars et les parts héréditaires ne dépassant pas 200 dollars sont, en effet, exempts de la taxe; les héritiers directs n'y sont assujettis que si la valeur des biens excède 100,000 dollars. Le père, la mère, le mari, la femme, les enfants, les petits-enfants, les gendres et belles-filles du *de cujus* payent 2 1/2 p. o/o pour les biens d'une valeur de 100,000 à 200,000 dollars, et 5 p. o/o sur ce qui dépasse cette dernière somme; le grand-père, la grand'mère et les ascendants plus éloignés, les frères et sœurs et leurs descendants, les oncles et tantes et leurs descendants payent 5 p. o/o et les autres personnes 10 p. o/o, lorsque les biens ont une valeur supérieure à 10,000 dollars. Les legs pieux, ceux faits au profit d'établissements de bienfaisance ou d'éducation ne sont pas soumis à la taxe.

[1] 55, Victoria, chap. 6.
[2] Traduction donnée par M. Raison.

Les biens taxés sont ceux situés dans l'Ontario et appartenant à des personnes domiciliées dans la province au moment de leur décès ou qui y ont eu leur domicile au cours des cinq dernières années de leur existence.

Les droits doivent être acquittés dans les dix-huit mois du décès; à défaut de payement dans ce délai, ils portent intérêt à 6 p. o/o du jour de ce décès.

La taxe successorale est absolument distincte des salaires perçus pour l'homologation des testaments et qui s'élèvent à 1 dollar et demi par 1,000 dollars ou fraction de cette somme, environ.

Nouvelle-Écosse. — La question de l'introduction de la taxe successorale dans la Nouvelle-Écosse s'y est posée simultanément et dans les mêmes conditions que dans l'Ontario, mais la loi n'a été votée que le 30 avril 1892 [1].

Comme dans cette province, le produit des droits de l'espèce forme un fonds spécial; ce fonds est destiné à subvenir aux soins à donner aux malades et aux aliénés, et à entretenir certaines œuvres de bienfaisance.

Les exemptions sont ici moins nombreuses; ne sont exempts que les biens d'une valeur inférieure à 25,000 dollars dévolus aux plus proches héritiers du *de cujus;* dans les autres cas, les biens dont la valeur ne dépasse pas 5,000 dollars, enfin les parts héréditaires n'excédant pas 200 dollars.

Le tarif vise trois catégories de bénéficiaires comme dans l'Ontario :

    1re catégorie : sur ce qui excède 25,000 dollars........   2 1/2 p. o/o
    Au-dessus de 100,000 dollars..................   5
    2e catégorie : sur la valeur entière des biens assujettis à l'impôt...   5
    3e catégorie : sur la valeur entière des biens assujettis à l'impôt...   10

La taxe successorale atteint tous les biens situés dans la Nouvelle-Écosse, sans qu'il soit tenu compte, à cet égard, du domicile du *de cujus* et, d'un autre côté, tous ceux qui, à un titre quelconque, sont soumis à l'administration ou au contrôle des exécuteurs testamentaires et administrateurs de la province.

Comme l'Ontario, la Nouvelle-Écosse a des salaires de *probate.*

Québec. — Presque en même temps que dans l'Ontario et la Nouvelle-Écosse, la taxe successorale était établie dans la province de Québec. Mais ce ne sont pas ici des considérations humanitaires qui ont motivé cet établissement, la nécessité de créer de nouvelles ressources en présence des

[1] 55, Victoria, chap. 6.

charges imposées pour gager les arrérages de la Dette publique et faire face aux dépenses de la province en u seule été cause.

Les transmissions en ligne directe ne sont pas assujetties à la taxe successorale lorsque l'importance des biens délaissés ne dépasse pas 10,000 dollars.

Lorsque les biens composant une succession ont fait l'objet d'un legs en usufruit, l'usufruitier paye seul le montant intégral des droits; les autres légataires désignés dans le testament en sont entièrement déchargés.

Le tarif comprend cinq catégories :

Ligne directe..	1 p. o/o
Frères et sœurs et leurs descendants	3
Oncles et tantes et leurs descendants.................	8
Grands-oncles et grand' tantes et leurs descendants........	8
Étrangers...	10

La législation de Québec contient quelques dispositions particulièrement intéressantes en ce qui concerne les obligations imposées aux bénéficiaires vis-à-vis du fisc.

Les héritiers et administrateurs sont tenus, en effet, de souscrire une déclaration faisant connaître la consistance et la valeur des biens, ainsi que l'importance des dettes qui les grèvent, et cette déclaration doit être faite *sous serment*. La taxe doit être payée avant que le titre de propriété puisse être enregistré au nom du bénéficiaire.

Si la déclaration n'a pas été souscrite au jour prescrit ou si elle est inexacte, les droits sont portés au double et augmentés d'une amende de 100 dollars.

Ainsi que nous l'avons fait pour les États-Unis, nous examinerons l'état de la question dans les provinces du Canada qui ne possèdent pas encore la taxe successorale.

Colombie anglaise. — Il est perçu seulement dans la Colombie anglaise des salaires ou droits de *probate* qui paraissent toutefois constituer un point de départ pour l'établissement de la taxe successorale.

Des exemptions sont, en effet, consenties au profit de certains bénéficiaires, la veuve et les enfants du *de cujus* et, d'un autre côté, ces salaires qui étaient de 3 p. o/o des biens personnels, dans tous les cas, sont distingués, depuis 1890, d'après la parenté : le père, la mère, le mari, les frères et sœurs payent 1 p. o/o; les autres héritiers ou légataires, 5 p. o/o.

Manitoba. — Dans la province de Manitoba, on constate seulement la perception de droits de *probate,* 50 cents par 1,000 dollars ou par fraction de 1,000 dollars.

AMÉRIQUE ESPAGNOLE.

CHILI.

Le tarif de l'impôt sur les successions est actuellement fixé par la loi du 28 novembre 1878; il s'échelonne de la manière suivante :

Descendants légitimes	1 p. o/o.
Ascendants légitimes	2
Enfants naturels ou père et mère naturels	2
Conjoint survivant. { Sur la réserve	1
Sur le surplus	3
Frères et sœurs légitimes ou naturels	3
Autres collatéraux, appelés à la succession *ab intestat*	5
Autres personnes	8

Ces différents taux sont également applicables aux donations.

En ce qui concerne les successions et donations dont l'accomplissement est confié à un exécuteur testamentaire fiduciaire, le droit exigible est celui fixé pour les collatéraux de la seconde catégorie, 5 p. o/o.

Sont exemptes, les successions dont la valeur n'excède pas 2,000 pesos; les successions en faveur d'établissements d'instruction gratuite; les transmissions de biens affectés au culte ainsi que de ceux de la République, des municipalités, et des corporations entretenues ou subventionnées par l'État.

Enfin, exception intéressante, les biens qui dans une période de dix ans auraient été transmis deux fois par succession et auraient payé une fois, pendant cet espace de temps, le droit de succession, en sont exempts pour la seconde mutation.

GUATÉMALA.

L'article 158 du Code fiscal de 1881 règle le tarif des droits, tant pour les successions que pour les donations, ainsi qu'il suit :

Descendants légitimes	1 p. o/o.
Ascendants légitimes	2
Parents et enfants naturels reconnus	2
Conjoint survivant	3
Enfants adoptifs	3
Frères et sœurs légitimes ou naturels	3
Autres collatéraux	5
Père adoptif	5
Alliés	8
Personnes non parentes	10

On voit que le législateur du Guatémala a distingué entre les différents degré de parenté d'une façon beaucoup plus accentuée que dans les législations que nous avons déjà examinées.

Sont exempts de l'impôt de mutation par décès, les successions dont l'actif n'atteint pas 1,000 pesos, les legs au profit des municipalités et des corporations ou établissements subventionnés par l'État.

Il en est de même des biens *immeubles* qui ont supporté l'impôt depuis moins d'un an, disposition analogue mais bien moins libérale que celle que nous venons de constater au Chili.

AUSTRALIE.

Nous rencontrons ici la taxe successorale avec un caractère très différent de celui que nous avons constaté dans les pays dont nous venons d'examiner la législation.

Impôt pur et simple dans la plupart de ces pays, nous avions vu l'impôt sur les successions procéder au Canada d'une autre conception et devenir un prélèvement sur la fortune dans un but philanthropique. En Australie, la taxe successorale est réglée en vue d'empêcher la formation des grosse fortunes, et les tarifs sont gradués en conséquence sans que, d'un autre côté, une affectation spéciale soit donnée aux produits de l'impôt.

L'Australie est une colonie anglaise; mais on peut néanmoins la considérer, au point de vue particulier qui nous occupe, comme constituant aussi bien des États particuliers que des provinces de l'Empire britannique, à raison de l'autonomie de chacune d'elles.

Victoria. — L'impôt sur les successions a été introduit dans la province de Victoria en 1870, dans le seul but d'augmenter les ressources budgétaires. C'est seulement en 1876 [1] qu'il a été rendu progressif, et en 1892 [2] qu'on a remanié ce tarif de manière à accentuer la rapidité de la progression.

Les successions ne sont pas divisées en moins de trente-sept classes d'après leur importance. Mais, particularité qu'on rencontre dans la plupart des tarifs progressifs, ce sont les petites successions qui, toutes proportions gardées, sont tarifées en réalité à un taux surélevé. Ici, par exemple, les successions de 1,000 à 5,000 livres sterling doivent 2 p. o/o, puis celles de 5,000 à 6,000 payent 3 p. o/o — soit en plus 50 p. o/o — et ensuite le tarif croît de 20 centièmes p. o/o par augmentations successives jusqu'au taux maximum de 10 p. o/o applicable aux successions dont l'importance est supérieure à 100,000 livres sterling.

Les enfants et petits enfants du *de cujus*, ainsi que la femme survivante,

[1] 39, Victoria, n° 523.
[2] 56, Victoria, n° 1261.

ne payent que moitié des taux portés au tarif, mais seulement lorsque la valeur des biens transmis ne dépasse pas 50,000 livres sterling.

En dehors de ces dispositions spéciales aux bénéficiaires que nous venons de désigner, il est admis, d'une manière générale, une déduction de 1,000 livres sterling en ce qui touche les successions inférieures à 5,000 livres sterling; le droit est en conséquence calculé sur ce qui excède 1,000 livres sterling. Mais c'est là une exception étroite et il n'est fait aucune déduction semblable pour toutes autres successions.

Ce ne sont plus seulement des pénalités pécuniaires qui sont infligées, dans la province de Victoria, aux parties qui ont fraudé le fisc, mais bien la prison. Les exécuteurs et administrateurs de biens sujets à la taxe successorale doivent se présenter devant le greffier de la Cour suprême [1] et fournir un état détaillé des biens du *de cujus*, et des dettes qui grèvent la succession. Une fausse déclaration entraîne un emprisonnement d'un an à trois ans et une amende dont le maximum est de 100 livres sterling.

Le greffier a la faculté de désigner un expert chargé d'établir la valeur des biens, puis de déterminer, d'accord avec le représentant de la succession, le montant de la masse imposable. La preuve testimoniale et le serment sont également admis. La partie peut interjeter appel de la décision du greffier devant la Cour suprême.

La taxe successorale doit être payée avant l'homologation du testament ou l'émission des lettres d'administration. Elle jouit d'un privilège qui prime tous les autres, sauf les frais funéraires et ceux de testament.

Certains actes sont en outre passibles de droits de timbre progressifs [2].

Nouvelle-Galles du Sud. — La taxe successorale a remplacé, en 1887, dans la Nouvelle-Galles du Sud, les droits de *probate* qui y avaient été établis par l'*act* de 1880, portant création de droits de timbre [3]. Voici comment sont graduées les quotités de l'impôt :

Biens dont la valeur n'atteint pas 5000 livres sterling......	1 p. o/o.
Biens d'une valeur supérieure à 5,000 livres sterling mais inférieure à 12,500.....	2
Biens d'une valeur supérieure à 12,500 livres sterling mais inférieure à 25,000.....	3
Biens d'une valeur supérieure à 25,000 livres sterling mais inférieure à 50,000.....	4
Biens d'une valeur supérieure à 50,000 livres sterling......	5

La loi ne contient aucune modération de droits, aucune exemption,

---

[1] Ce fonctionnaire a le titre de *Master in equity*, à raison de ce fait que c'est le greffier de la division de la Cour suprême à laquelle ressortissent les affaires de cette catégorie, qui est chargé de recevoir les déclarations.

[2] 56, Victoria, n° 1274.

[3] 50, Victoria, n° 10.

aucune différence de traitement selon la parenté des bénéficiaires avec le *de cujus*.

Nous ne retrouvons pas ici les pénalités de la province de Victoria; le législateur n'a demandé qu'à des amendes élevées la contrainte nécessaire à l'exacte application de la loi.

Avant que la procédure d'homologation du testament ou d'émission des lettres d'administration soit terminée, la taxe successorale doit être acquittée, ou il doit être fourni une garantie pour en assurer le payement. Celui qui prend l'administration d'une succession sans avoir obtenu homologation du testament ou les lettres d'administration, est frappé d'une amende fixe de 100 livres sterling et d'une amende proportionnelle égale à 10 p. o/o du droit exigible, sauf quand la valeur des biens transmis ne dépasse pas 200 livres sterling.

Les donations à cause de mort, les actes translatifs ne devant produire effet qu'au décès du donateur ou du vendeur, les testaments soumis à la condition du décès du disposant sont assujettis à l'impôt.

Queensland. — La taxe successorale a remplacé, en 1886 [1], les droits de timbre sur les homologations et les lettres d'administration. Le tarif en a été réglé à nouveau en 1892 [2].

Les droits sont gradués à la fois d'après la parenté et d'après l'importance des biens. En voici le détail :

IMPORTANCE DES BIENS.	DESCENDANTS en ligne directe et conjoint survivant.	AUTRES PARENTS.	PERSONNES NON PARENTES.
	p. o/o.	p o/o.	p. o/o.
De 200 à 1,000 livres sterling..	1.00	2.00	4.00
De 1,000 à 2,500..........	1.50	3.00	6.00
De 2,500 à 5,000..........	2.00	4.00	8.00
De 5,000 à 10,000..........	3.00	6.00	12.00
De 10,000 à 20,000.........	4.00	8.00	16.00
De 20,000 et au-dessus.......	5.00	10.00	20.00

Lorsqu'une succession est dévolue à une personne dont l'époux, s'il l'avait recueillie lui-même, aurait eu à payer un droit inférieur à celui qui est exigible, le droit le moins élevé est seul dû.

Les biens d'une valeur de moins de 200 livres sterling et les parts héréditaires de moins de 20 livres sterling ne sont pas assujettis à la taxe.

[1] 50, Victoria, n° 12. — [2] 56, Victoria, n° 13.

Les legs faits dans un but de bienfaisance ou d'intérêt public sont nommément passibles des droits applicables aux personnes non parentes.

Il existe dans le Queensland, des droits de *probate*, indépendants de la taxe successorale.

Le droit de succession sur les biens *personnels* est payable au moment de l'entrée en possession de l'héritier. Pour les biens *réels*, au contraire, le payement des droits est effectué en quatre termes semestriels.

Les rentes, les avantages purement viagers, sont estimés à leur valeur vénale au moment de la transmission; les droits auxquels ils sont assujettis sont payés en quatre termes annuels, mais ceux auxquels donne lieu le legs d'une somme destinée à l'acquisition d'une rente doivent être acquittés en une seule fois.

Les bénéficiaires sont tenus de joindre à toute requête tendant à obtenir l'homologation du testament ou les lettres d'administration un *affidavit* faisant connaître la consistance de la succession; ils doivent également donner avis aux commissaires de l'impôt de l'ouverture de la succession et leur présenter un état des biens. Les commissaires peuvent faire une nouvelle évaluation des forces de la succession, soit eux-mêmes, soit par expertises, sauf recours des parties devant la cour, et ils liquident, en conséquence, l'impôt exigible.

Le défaut d'avis de l'ouverture de la succession, dans le délai prescrit, rend le bénéficiaire débiteur d'une surtaxe de 5 p. o/o par mois; il en est de même si les droits ne sont pas payés dans les trois semaines de la liquidation définitive. Quant à la fausse déclaration, elle entraîne et l'amende et la prison.

Nouvelle-Zélande. — La taxe successorale a été introduite dans la Nouvelle-Zélande en 1881 [1]; mais le tarif primitivement établi a été modifié en 1885 [2].

IMPORTANCE DES BIENS.	ENFANTS, BEAU-FILS, belle fille et petits-enfants.	ENFANTS ADOPTIFS et autres parents.	PERSONNES NON PARENTES.
	p. o/o.	p. o/o.	p. o/o.
De 100 à 1,000 livres sterling..	1.25	2.50	5.50
De 1,000 à 5,000............	1.75	3.50	6.50
De 5,000 à 20,000..........	3.50	7.00	10.00
De 20,000 et au-desssus......	5.00	10.00	13.00

[1] 1881, n° 41. — [2] 1885, n° 21.

Les successions ne dépassant pas 100 livres sterling ne sont pas taxées. Quant aux personnes, la seule exception consacrée par la loi de la Nouvelle-Zélande concerne l'époux survivant, entièrement dispensé de l'impôt.

Tous les biens *personnels* ayant leur assiette en Nouvelle-Zélande, sont soumis à la taxe successorale, soit que le *de cujus* y ait son domicile, soit que ce domicile soit à l'étranger.

L'administrateur de l'hérédité est tenu de présenter au commissaire de l'impôt, dans les six mois de son entrée en fonctions, un état détaillé de l'actif et du passif de la succession, et d'acquitter les droits sur le solde actif ainsi constaté.

Australie Méridionale. — Le système fiscal de l'Australie Méridionale se rapproche très sensiblement, en matière de successions, de celui qui était en vigueur dans la métropole avant la mise en vigueur de la loi de finances de 1894-1895. Il comprend à la fois des droits de *succession* et des droits de *probate*.

Les règles actuellement applicables à la taxe successorale sont inscrites dans trois lois de 1876, 1881 et 1885 [1].

Les droits de *succession* sont uniquement gradués d'après la parenté des bénéficiaires avec le *de cujus*. Ils sont appliqués tant aux transmissions de biens *personnels* qu'à celles de biens *réels*. En voici le détail :

Ascendants et descendants en ligne directe............	1 p. o/o
Frères et sœurs et leurs descendants.................	3
Oncles et tantes et leurs descendants................	5
Grands-oncles et grand'tantes.......................	6
Parents plus éloignés et personnes non parentes.........	10

Lorsque le conjoint du légataire est parent du *de cujus* à un degré plus rapproché que le légataire lui-même, la taxe successorale est calculée au taux correspondant au degré de parenté de ce conjoint.

La seule exemption visant les personnes s'applique au conjoint survivant qui est entièrement dispensé de la taxe successorale.

Ne sont pas soumis à cette taxe : les biens dont la valeur ne dépasse pas 50 livres sterling; les parts héréditaires inférieures à 20 livres sterling; l'argent donné en fidéicommis pour le payement des droits de succession; les livres, œuvres d'art, coins, médailles, etc. légués à une corporation, à une université, à une école ou à un musée, tenus de les conserver en nature.

Comme précédemment dans le Royaume-Uni, la valeur des biens *réels* transmis est assimilée à celle d'une rente égale à leur produit annuel [2];

---

[1] 1876, n° 35, 1881, n° 225; 1885, n° 361.
[2] Voir notre étude sur la France et l'Europe, *loc. cit.*, p. 48, note 2.

l'impôt est payé en huit termes semestriels dont le premier vient à exigibilité un an après l'entrée en possession de l'héritier. L'impôt est, au contraire, exigible dès la mise en possession lorsqu'il s'agit de biens personnels; toutefois, si la transmission de biens de cette dernière catégorie s'effectue sous forme de rente, le payement de la taxe est réparti entre quatre termes annuels égaux.

C'est au commissaire de l'*Inland Revenue* que les parties doivent donner connaissance de l'ouverture de la succession. Ce commissaire, il est intéressant de le noter tout spécialement, a certains pouvoirs discrétionnaires de composer et de transiger sur les droits et de recevoir, sous escompte, le payement global ou partiel de la taxe exigible.

Des droits et salaires de *probate* sont perçus indépendamment de la taxe successorale dans l'Australie Méridionale.

En 1890, le Parlement colonial a rejeté un bill tendant à substituer à l'ensemble de ces perceptions — taxe successorale proportionnelle et droits et salaires de probate — une taxe progressive unique qui s'échelonnait, en fonction tant de la parenté que de l'importance des biens transmis, de 1/2 p. 0/0 à 15 p. 0/0.

Tasmanie. — Une taxe successorale sur les biens personnels a été en vigueur en Tasmanie pendant de nombreuses années. La quotité en était fixée à 2 p. 0/0 pour les successions de 500 livres et de 3 p. 0/0 pour celles dont l'importance était supérieure.

On proposa d'étendre cette taxe aux biens réels, mais sans succès.

AFRIQUE.

CAP DE BONNE-ESPÉRANCE.

En Afrique, nous ne rencontrons la taxe successorale que dans la colonie anglaise du Cap de Bonne-Espérance, où elle a été introduite en 1864 [1].

Le tarif est ainsi fixé :

Descendants et ascendants	1 p. 0/0
Frères et sœurs	2
Autres parents et personnes non parentes	5

L'époux survivant est, dans tous les cas, exempt de la taxe successorale; les enfants, au contraire, jouissent de l'exemption seulement lorsque la part recueillie par chacun d'eux ne dépasse pas 100 livres.

De plus, d'une manière générale, ne sont pas assujetties à l'impôt les

---

[1] *Sources of revenue of Colony of the Cape of Good Hope*, 1890 (M. Max West).

successions d'une importance globale inférieure à 100 livres et les parts héréditaires inférieures à 20 livres.

La taxe est exigible au moment où le bénéficiaire entre en possession.

***

PAYS DANS LESQUELS LA TAXE SUCCESSORALE
N'EST PAS ÉTABLIE.

Nous noterons, parmi les pays dans lesquels la taxe successorale n'est pas établie, dans l'Amérique du Nord, le *Mexique ;* dans celle du Sud, le *Brésil,* le *Pérou* et l'*Uruguay ;* en Afrique, l'*Égypte,* le *Maroc* et la *Tunisie.*

Cette taxe n'existe pas non plus dans les *Indes anglaises ,* et cette particularité est d'autant plus intéressante que cette taxe a été successivement introduite dans la plupart des colonies que le Royaume-Uni possède dans les autres parties du monde.

***

CONCLUSIONS.

De l'examen d'ensemble auquel nous venons de procéder, il paraît surtout se dégager, par rapport aux législations européennes, des exemptions beaucoup plus nombreuses, plus particulièrement en faveur du conjoint survivant, surtout lorsque ce conjoint est la femme, puis des enfants ; mais en ce qui concerne ceux-ci, avec une tendance marquée à les assujettir de plus en plus à l'impôt ; la déduction du passif admise, sans que le principe de cette distraction soit même mis en discussion ; la substitution graduelle de tarifs progressifs aux tarifs proportionnels, mais avec une atténuation très large et même un affranchissement complet de la taxe pour les successions n'atteignant pas une certaine importance ; la valeur élevée des biens ainsi exempts, qui atteint et dépasse même parfois l'importance moyenne des successions dans notre pays, où la diffusion des fortunes est si considérable.

Nous avons vu, en effet, que l'exemption est accordée aux successions de 10,000 dollars (50,000 francs) dans la province d'Ontario, au Canada, et à celles de 1,000 livres sterling (25,000 francs) dans la colonie de Victoria, en Australie ; or, en France, l'importance moyenne des successions n'est pas supérieure à 20,000 francs.

Dans aucun des pays dont nous venons d'examiner le régime fiscal en matière de successions, l'impôt ne fournit un rendement dont l'importance puisse être comparée à celui de la France, bien que nous ne tenions à cet égard que le second rang, le premier revenant à l'Angleterre.

L'État de New-Nork encaisse 9 à 10 millions de francs; la colonie australienne de Victoria, 6 millions et demi; l'État de Pensylvanie, 5 millions et demi; la Nouvelle-Galles du Sud, 4 millions, alors qu'en France les droits de mutation par décès oscillent autour de 200 millions et qu'en Angleterre ils s'élèvent à 260 millions.

La charge par habitant ressort à 1 franc en Pensylvanie, 1 fr. 50 à New-York, 3 fr. 50 dans la Nouvelle-Galles du Sud, près de 6 francs à Victoria; elle dépasse *5 francs en France* et 7 francs en Angleterre.

Par rapport à l'ensemble des impôts perçus dans chaque État, la taxe successorale représente 6.2 p. o/o dans la Nouvelle-Galles du Sud; 8 p. o/o à Victoria; *10.3 p. o/o en France;* 10.3 p. o/o en Pensylvanie; 16 p. o/o en Angleterre et 20.6 p. o/o à New-York.

Enfin, par rapport aux dépenses publiques de chaque État, elle se fixe à 1.8 p. o/o dans la Nouvelle Galles du Sud; 3 p. o/o à Victoria; *6.5 p. o/o* en Pensylvanie et *en France;* s'élève à 9.2 p. o/o à New-York et dépasse 12 o/o p. en Angleterre.